COMO EL HOMBRE PIENSA
PIENSA

ASÍ ES SU VIDA

James Allen

Traducción de
Marcela Allen

WISDOM COLLECTION
PUBLISHING HOUSE

Wisdom Collection LLC
McKinney, Texas/75070
www.wisdomcollection.com

Como el Hombre Piensa / -- ed. revisada

La versión original de este libro fue publicada
en el año 1903 por el destacado escritor y filósofo
británico, James Allen.

Para otros títulos y obras del Nuevo Pensamiento,
visita nuestro sitio web:

www.wisdomcollection.com

CONTENIDOS

INTRODUCCIÓN

La versión original de este libro se publicó en el año 1903, y fue la tercera y más famosa obra de James Allen. La pequeña edición (que originalmente fue de tamaño de bolsillo) alcanzó gran popularidad en todo el mundo y consagró a su autor como una de las figuras pioneras del movimiento de autoayuda.

Según refirió el propio autor: "Este libro te ayudará a ayudarte a ti mismo". Y así es, a través de valiosos mensajes entregados de forma sencilla y en un tono muy espiritual, este libro te ayudará a mejorar tu vida. Mediante esta lectura serás sabiamente guiado hacia la comprensión que tú eres el creador de tu propio destino, ya que las circunstancias de tu vida se originan a partir de tus propios pensamientos. Tu vida actual es la suma total de todo lo que has pensado y hecho en el pasado; del mismo modo, tus circunstancias en el futuro están siendo moldeadas por tus pensamientos y acciones presentes. Esto constituye la más alta enseñanza y una fuente de inspiración para todos los que quieran vivir una vida plena y feliz.

M.A.H

PREFACIO

Este pequeño volumen (resultado de la meditación y la experiencia) no pretende ser un tratado exhaustivo sobre el poder del pensamiento, del cual ya se ha escrito mucho. Es más bien sugestivo que explicativo, siendo su objeto estimular a los hombres y las mujeres a descubrir y percibir la verdad de que:

«Ellos mismos son los creadores de sí mismos» ...

... en virtud de los pensamientos que eligen y fomentan; que la mente es la maestra tejedora, tanto de la vestimenta interior del carácter, como de la vestimenta exterior de las circunstancias, y que, así como hasta el momento han tejido en la ignorancia y el dolor, ahora pueden comenzar a tejer en la iluminación y la felicidad.

James Allen.
Broad Park Avenue,
Ilfracombe,
England.

CAPÍTULO UNO

PENSAMIENTO Y CARÁCTER

El aforismo: "Como un hombre piensa en su corazón, así es él", no solo abarca la totalidad del ser del individuo, sino que es tan amplio que alcanza todas las condiciones y las circunstancias de su vida. Una persona es literalmente lo que piensa, siendo su carácter la suma total de todos sus pensamientos.

Como la planta brota de la semilla y no podría existir sin ella, cada acto de una persona brota de las semillas ocultas del pensamiento y no podría aparecer sin ellos. Esto se aplica tanto a los actos llamados "espontáneos" y "no premeditados" como a los que se ejecutan deliberadamente.

Las acciones son la floración del pensamiento y la alegría y el sufrimiento son sus frutos; de este modo, las personas cosechan los frutos dulces y amargos de su propia siembra.

"El pensamiento en la mente nos ha hecho. Todo lo que somos fue forjado y construido por el pensamiento. Si la mente de una persona tiene malos pensamientos, el dolor le seguirá como sigue la carreta al buey detrás. Si alguien permanece en la pureza del pensamiento, la felicidad le seguirá como su propia sombra —eso es seguro".

El ser humano es un crecimiento según la ley, y no una creación por artificios, y la causa y el efecto son tan absolutos e inevitables en el reino oculto del pensamiento como en el mundo de las cosas visibles y materiales.

Un carácter noble y divino no es una cosa de favor o de casualidad, sino que es el resultado natural de un continuo esfuerzo en el pensamiento correcto, el efecto de una larga y querida asociación con pensamientos divinos. Por el mismo proceso, un carácter innoble y bestial, es el resultado de albergar continuamente pensamientos degradantes.

El individuo es hecho o deshecho por sí mismo; en el taller del pensamiento forja las armas con las que se destruye a sí mismo; así también, forja las herramientas con las que construye para sí mismo mansiones celestiales de felicidad, fortaleza y paz.

Por la elección correcta y la verdadera aplicación del pensamiento, el individuo asciende a la perfección divina; por el abuso y la mala aplicación del pensamiento, desciende por debajo del nivel de la bestia. Entre estos dos extremos se encuentran todos los grados del carácter, y el individuo es su creador y maestro.

De todas las hermosas verdades relativas al alma que han sido restauradas y sacadas a la luz en esta época, ninguna es más grandiosa y fructífera en cuanto a la promesa y la confianza divinas que ésta: cada individuo es el maestro de su pensamiento, moldeador del carácter, el hacedor y formador de sus condiciones, su entorno y su destino.

Como un ser de poder, inteligencia y amor, y el amo de sus propios pensamientos, el individuo tiene la llave para cada situación, y contiene en su interior ese agente transformador y regenerador por el que puede hacer de sí mismo lo que quiere.

El individuo es siempre el amo, incluso en su estado de mayor debilidad y abandono; pero en su debilidad y degradación es el amo insensato que gobierna mal su "hogar". Cuando comienza a reflexionar sobre su condición y a buscar diligentemente la ley sobre la cual está establecido su ser, entonces se convierte en el amo sabio, dirigiendo sus energías con inteligencia, y moldeando sus pensamientos hacia asuntos fructíferos. Ese es el amo consciente, y solo puede llegar a serlo descubriendo dentro de sí mismo las leyes del pensamiento; este descubrimiento es totalmente una cuestión de aplicación, autoanálisis y experiencia.

Solo después de mucha búsqueda y excavación se obtienen el oro y los diamantes, y cada individuo puede encontrar todas las verdades relacionadas con su ser si excava profundamente en la mina de su alma. Y que él es el hacedor de su carácter, el moldeador de su vida y el constructor de su destino, puede probarlo infaliblemente, si vigila, controla y altera sus pensamientos, rastreando sus efectos sobre sí mismo, sobre los demás y sobre su vida y circunstancias, vinculando la causa y el efecto por medio de la práctica y la investigación pacientes, y utilizando todas sus experiencias, incluso las más triviales y cotidianas, como medio de obtener ese conocimiento de sí mismo que es Entendimiento, Sabiduría, Poder.

En esta dirección, como en ninguna otra, es absoluta la ley de que: "El que busca encuentra; y al que llama se le abrirá"; porque solo por la paciencia, la práctica y la incesante persistencia puede entrar en la Puerta del Templo del Conocimiento.

CAPÍTULO DOS

EFECTO DEL PENSAMIENTO SOBRE LAS CIRCUNSTANCIAS

La mente humana puede ser comparada con un jardín, el cual puede ser cultivado inteligentemente o dejar que crezca sin ningún cuidado; pero tanto si se cultiva como si se descuida, debe dar frutos y, de hecho, dará. Si no se siembran semillas útiles, entonces, una abundancia de semillas de malas hierbas caerá en él y continuarán produciendo su clase.

Al igual que un jardinero cultiva su terreno, manteniéndolo libre de malezas y cultivando las flores y los frutos que necesita, así una persona puede cuidar el jardín de su mente, arrancando todos los pensamientos erróneos, inútiles e impuros, y cultivando a la perfección las flores y los frutos de los pensamientos correctos, útiles y puros. Siguiendo este proceso, tarde o temprano el sujeto descubre que es el maestro jardinero de su alma, el director de su vida. También revela, dentro de sí mismo, las leyes del pensamiento y comprende, con una precisión cada vez mayor, cómo las fuerzas del pensamiento y los elementos de la mente operan en la formación de su carácter, circunstancias y destino.

El pensamiento y el carácter son uno, y el carácter solo puede manifestarse y descubrirse a través del entorno y las circunstancias, porque las condiciones externas de la vida de una persona siempre se encontrarán armoniosamente relacionadas con su estado interior. Esto no significa que las circunstancias de una persona en un momento dado sean un indicador de todo su carácter, sino que esas circunstancias están tan íntimamente conectadas con algún elemento de pensamiento vital dentro de ella que, por el momento, son indispensables para su desarrollo.

Todo individuo está donde está por la ley de su ser. Los pensamientos que ha construido en su carácter lo han llevado allí, y en la disposición de su vida no hay ningún elemento de azar, sino que todo es el resultado de una ley que no puede fallar. Esto es tan cierto para aquellos que se sienten "en desarmonía" con su entorno como para los que están contentos con él.

Como un ser progresivo y evolutivo, el individuo está donde está para aprender a crecer; y cuando aprende la lección espiritual que cada circunstancia contiene para él, pasa y da lugar a otras circunstancias. Él es golpeado por las circunstancias mientras crea que es la criatura de las condiciones externas, pero cuando se da cuenta de que es un poder creativo, y que puede dominar la tierra oculta y las semillas de su ser, de las que crecen las circunstancias, entonces se convierte en el dueño absoluto de sí mismo.

Todo aquel que haya practicado durante algún tiempo el autocontrol y la autopurificación, sabe que las circunstancias surgen del pensamiento, porque habrá notado que la alteración de sus circunstancias ha estado en exacta proporción con la alteración de su estado mental. Tan cierto es esto, que cuando una persona se aplica seriamente a corregir los defectos de su carácter, y hace rápidos y marcados progresos, pasa rápidamente por una sucesión de altibajos.

El alma atrae aquello que secretamente alberga; lo que ama y también aquello que teme. Alcanza la cima de sus aspiraciones más queridas; cae al nivel de sus irreflexivos deseos —y las circunstancias son los medios por los que el alma recibe lo propio.

Cada semilla de pensamiento que se siembra o se deja caer en la mente, echa sus raíces allí y produce lo suyo, floreciendo tarde o temprano en acto y dando su propio fruto de oportunidad y circunstancia. Los buenos pensamientos dan buenos frutos, los malos pensamientos dan malos frutos.

El mundo externo de las circunstancias se amolda al mundo interno de los pensamientos, y tanto las condiciones externas agradables como las desagradables son factores que contribuyen al bien último del individuo. Como el segador de su propia cosecha, él aprende tanto del sufrimiento como de la dicha.

Siguiendo los deseos, las aspiraciones y los pensamientos más íntimos por los que se deja dominar (persiguiendo la voluntad de las imaginaciones impuras o caminando firmemente por la senda del esfuerzo fuerte y elevado), el individuo llega finalmente a su fruición y cumplimiento en las condiciones externas de su vida. Las leyes de crecimiento y de ajuste se cumplen en todas partes.

Nadie llega al hospicio o a la cárcel por la tiranía del destino o de las circunstancias, sino por el camino de los pensamientos degradantes y de los bajos deseos. Tampoco una persona de mente pura cae repentinamente en el crimen por la influencia de alguna fuerza externa; el pensamiento criminal había sido secretamente cultivado durante mucho tiempo en el corazón, y la hora de la oportunidad reveló su poder acumulado.

Las circunstancias no hacen al individuo; más bien, lo revelan. No pueden existir condiciones tales como caer en el vicio y en los sufrimientos que lo acompañan sin inclinaciones viciosas, o ascender a la virtud y a su pura felicidad sin el cultivo continuado de las aspiraciones virtuosas. Por lo tanto, el individuo como señor y maestro del pensamiento, es el hacedor de sí mismo, el formador y autor de su entorno. Incluso al nacer, el alma llega a lo suyo, y a través de cada paso de su peregrinaje terrenal atrae aquellas combinaciones de condiciones que la revelan, que son los reflejos de su propia pureza e impureza, su fuerza y su debilidad.

Las personas no atraen lo que quieren, sino lo que son. Sus anhelos, fantasías y ambiciones se ven frustrados a cada paso, pero sus pensamientos y deseos más íntimos se nutren de su propio alimento, ya sea sucio o limpio. La "divinidad que da forma a nuestros fines" está en nosotros mismos; es nuestro propio ser. La persona está encadenada solamente por sí misma. El pensamiento y la acción son los carceleros del destino que aprisionan, si son viles. Son también los ángeles de la libertad, ellos liberan, si son nobles. No se obtiene lo que se desea y por lo cual se ora, sino lo que se gana con justicia. Sus deseos y oraciones solo son gratificados y respondidos cuando armonizan con sus pensamientos y acciones.

Entonces, a la luz de esta verdad, ¿cuál es el significado de "luchar contra las circunstancias"? Significa que una persona se rebela continuamente contra un efecto exterior, mientras que todo el tiempo está alimentando y preservando su causa en su corazón. Esa causa puede tomar la forma de un vicio consciente o de una debilidad inconsciente; pero sea lo que sea, retrasa obstinadamente los esfuerzos de su poseedor, y por ello pide a gritos el remedio.

Las personas están ansiosas por mejorar sus circunstancias, pero no están dispuestas a mejorarse a sí mismas; por lo tanto, permanecen atadas. Quien no se resiste a la autocrucifixión no puede dejar de cumplir el objetivo en el que está puesto su corazón. Esto es tan cierto para las cosas terrenales como para las celestiales. Esto es tan cierto de las cosas terrenales como celestiales. Incluso las personas cuyo único objetivo es adquirir riquezas deben estar preparadas para hacer grandes sacrificios personales antes de poder lograr su objetivo; y ¿cuánto más el que quiere alcanzar una vida fuerte y equilibrada?

Aquí está el caso de un hombre que es sumamente pobre. Él está extremadamente ansioso de que mejoren su entorno y las comodidades de su hogar, pero todo el tiempo elude su trabajo y considera que está justificado tratar de engañar a su empleador con el argumento de la insuficiencia de su salario. Tal hombre no entiende los fundamentos más simples de aquellos principios que son la base de la verdadera prosperidad, y no solo es totalmente incapaz de salir de su miseria, sino que en realidad está atrayendo a sí mismo una miseria aún más profunda al morar y actuar con pensamientos indolentes, engañosos y deshonestos.

Aquí tenemos a un hombre rico que es víctima de una dolorosa y persistente enfermedad como resultado de la gula. Está dispuesto a dar grandes sumas de dinero para librarse de ella, pero no sacrificará sus glotonerías. Quiere gratificar su gusto por las comidas abundantes y poco saludables, pero también tener salud. Tal hombre es totalmente incapaz de tener salud, porque todavía no ha aprendido los primeros principios de una vida sana.

Aquí tenemos a un empleador de mano de obra que adopta medidas deshonestas para evitar el pago del salario reglamentario y, con la esperanza de obtener mayores beneficios, reduce los salarios de sus trabajadores. Un hombre así no es apto para la prosperidad, y cuando se encuentra en bancarrota, tanto en lo que respecta a la reputación como a la riqueza, culpa a las circunstancias, sin saber que él es el único autor de su condición.

He introducido estos tres casos simplemente como una ilustración de la verdad de que la persona es la causante (aunque casi siempre inconscientemente) de sus circunstancias, y que, mientras aspira a un buen fin, está continuamente frustrando su realización al fomentar pensamientos y deseos que no armonizan con ese fin. Tales casos podrían multiplicarse y variarse indefinidamente, pero esto no es necesario, ya que el lector puede, si así lo decide, rastrear la acción de las leyes del pensamiento en su propia mente y vida, y hasta que esto se haga, los simples hechos externos no pueden servir como base de razonamiento.

No obstante, las circunstancias son tan complicadas, el pensamiento está tan profundamente arraigado, y las condiciones de felicidad varían tan enormemente con los individuos, que la condición total del alma (aunque puede ser conocida por sí mismo) no puede ser juzgada por otro a partir del aspecto externo de su vida solamente.

Una persona puede ser honesta en ciertas direcciones y sufrir privaciones; una persona puede ser deshonesta en ciertas direcciones y adquirir riquezas; pero la conclusión que se suele sacar de que una persona fracasa por su honestidad particular y que la otra prospera por su deshonestidad particular, es el resultado de un juicio superficial que supone que el deshonesto es casi totalmente corrupto y el honesto casi totalmente virtuoso. A la luz de un conocimiento más profundo y de una experiencia más amplia, se descubre que tal juicio es erróneo. La persona deshonesta puede tener algunas virtudes admirables que la otra no posee; y la persona honesta vicios nocivos que están ausentes en la otra. La persona honesta cosecha los buenos resultados de sus pensamientos y actos honestos; también trae sobre sí los sufrimientos que producen sus vicios. Asimismo, la persona deshonesta cosecha sus propios sufrimientos y su propia felicidad.

Es agradable para la vanidad humana creer que uno sufre a causa de su propia virtud. Pero hasta que una persona no haya extirpado de su mente todo pensamiento malsano, amargo e impuro, y haya lavado toda mancha pecaminosa de su alma, no estará en condiciones de saber y declarar que sus sufrimientos son el resultado de sus cualidades buenas y no de las malas; y en el camino hacia esa perfección suprema, aunque mucho antes de haberla alcanzado, habrá encontrado, obrando en su mente y en su vida, la Gran Ley que es absolutamente justa, y que no puede dar bien por mal, ni mal por bien.

Con la posesión de tal conocimiento, sabrá entonces, mirando hacia atrás en su pasada ignorancia y ceguera, que su vida está, y siempre estuvo, justamente ordenada, y que todas sus experiencias pasadas, buenas y malas, fueron el resultado equitativo de su ser evolutivo, pero no evolucionado.

Los buenos pensamientos y las buenas acciones nunca pueden producir malos resultados. Los malos pensamientos y las malas acciones nunca pueden producir buenos resultados. Esto no es más que decir que nada puede salir del maíz sino el maíz, nada de las ortigas sino las ortigas. Las personas comprenden esta ley en el mundo natural y trabajan con ella; pero pocos la comprenden en el mundo mental y moral (aunque su operación allí es igual de simple e invariable), y por lo tanto no cooperan con ella.

El sufrimiento es siempre el efecto de un pensamiento equivocado en alguna dirección. Es una indicación de que el individuo no está en armonía consigo mismo, con la Ley de su ser. La única y suprema finalidad del sufrimiento es purificar, quemar todo lo que es inútil e impuro. El sufrimiento cesa para quien es puro. No tendría objeto quemar el oro después de haber eliminado la escoria, y un ser perfectamente puro e iluminado no puede sufrir.

Las circunstancias que una persona se encuentra con el sufrimiento son el resultado de su propia falta de armonía mental. La felicidad, no las posesiones materiales, es la medida del pensamiento correcto; la miseria, no la falta de posesiones materiales, es la medida del pensamiento equivocado. Una persona puede ser una maldición y rica; o puede ser una bendición y pobre. La felicidad y la riqueza solo van unidas cuando las riquezas son utilizadas correctamente y con sabiduría. Y el pobre solo desciende a la miseria cuando considera su destino como una carga impuesta injustamente.

La indigencia y la indulgencia son los dos extremos de la miseria. Ambos son poco naturales y el resultado de un trastorno mental. Una persona no está correctamente constituida hasta que es un ser feliz, sano y próspero; y la felicidad, la salud y la prosperidad son el resultado de un ajuste armonioso de lo interior con lo exterior, del individuo con su entorno.

Un individuo solo se convierte en un ser humano cuando deja de lamentarse y maldecir, y comienza a buscar la justicia oculta que gobierna su vida. Y a medida que adapta su mente a ese factor regulador, cesa de acusar a los demás como la causa de su condición, y se construye a sí mismo en pensamientos nobles y fuertes. Deja de patalear contra las circunstancias y empieza a utilizarlas como ayuda para progresar más rápido y como medio para descubrir el poder y las posibilidades ocultas dentro de sí mismo.

La ley, y no la confusión, es el principio dominante en el universo. La justicia, y no la injusticia, es el alma y la sustancia de la vida. La rectitud, no la corrupción, es la fuerza que moldea y moviliza en el gobierno espiritual del mundo. Siendo así, el ser humano no tiene más que corregirse a sí mismo para descubrir que el universo es correcto; y durante el proceso de corregirse a sí mismo, descubrirá que a medida que altera sus pensamientos hacia las cosas y otras personas, las cosas y otras personas se alterarán hacia él.

La prueba de esta verdad está en cada persona, y por lo tanto admite una fácil investigación por medio de la introspección sistemática y el autoanálisis. Si un individuo modifica radicalmente sus pensamientos, se asombrará de la rápida transformación que se produce en las condiciones materiales de su vida.

La gente se imagina que el pensamiento puede mantenerse en secreto, pero no se puede; rápidamente se cristaliza en el hábito, y el hábito se materializa en las circunstancias. Los pensamientos burdos se cristalizan en hábitos de embriaguez y sensualidad, que se materializan en circunstancias de indigencia y enfermedad. Los pensamientos impuros de todo tipo se cristalizan en hábitos debilitantes y confusos, que se materializan en circunstancias perturbadoras y adversas. Los pensamientos de miedo, de duda y de indecisión se cristalizan en hábitos de debilidad, cobardía e inseguridad, que se materializan en circunstancias de fracaso, indigencia y dependencia servil. Los pensamientos de pereza se cristalizan en hábitos de desaseo y deshonestidad, que se materializan en circunstancias de suciedad y mendicidad. Los pensamientos de odio y condenatorios se cristalizan en hábitos de acusación y violencia, se materializan en circunstancias de injuria y persecución. Los pensamientos egoístas de todo tipo se cristalizan en hábitos ególatras, se materializan en circunstancias perturbadoras.

Por otro lado, los pensamientos bellos de todo tipo se cristalizan en hábitos de gracia y bondad, que se materializan en circunstancias agradables y alegres. Los pensamientos puros se cristalizan en hábitos de templanza y autocontrol, que se materializan en circunstancias de paz y tranquilidad. Los pensamientos de coraje, confianza en sí mismo y decisión se cristalizan en hábitos valerosos, que se materializan en circunstancias de éxito, abundancia y libertad. Los pensamientos enérgicos se cristalizan en hábitos de limpieza y laboriosidad, que se materializan en circunstancias placenteras. Los pensamientos amables y compasivos se cristalizan en hábitos de dulzura, que se materializan en circunstancias protectoras y conservadoras. Los pensamientos amorosos y desinteresados se cristalizan en hábitos de entrega a los demás, que se materializan en circunstancias de prosperidad segura y duradera, y de verdadera riqueza.

Una determinada línea de pensamiento en la que se persiste, sea buena o mala, no puede dejar de producir sus resultados en el carácter y las circunstancias. Una persona no puede elegir directamente sus circunstancias, pero puede elegir sus pensamientos, y así indirectamente, pero con seguridad, dar forma a sus circunstancias.

La naturaleza ayuda a cada persona a satisfacer los pensamientos que más fomenta y le presenta las oportunidades que harán surgir rápidamente tanto los pensamientos buenos como los malos.

Si un individuo abandona sus pensamientos pecaminosos, todo el mundo se ablandará hacia él y estará dispuesto a ayudarle; si abandona sus pensamientos débiles y enfermizos, las oportunidades surgirán a cada paso para ayudar a sus firmes propósitos; si fomenta los buenos pensamientos, ningún duro destino le atará a la miseria y a la vergüenza.

El mundo es tu caleidoscopio y las diferentes combinaciones de colores que en cada momento te presenta son las imágenes exquisitamente ajustadas de tus pensamientos en constante movimiento.

CAPÍTULO TRES

EFECTO DEL PENSAMIENTO EN LA SALUD Y EL CUERPO

El cuerpo es el servidor de la mente. Obedece a las operaciones de la mente, ya sean elegidas deliberadamente o expresadas de forma automática. Siguiendo las órdenes de los pensamientos equivocados el cuerpo se hunde rápidamente en la enfermedad y la decadencia; siguiendo las órdenes de los pensamientos alegres y bellos se viste de juventud y belleza.

La enfermedad y la salud, al igual que las circunstancias, tienen su origen en el pensamiento. Los pensamientos enfermizos se expresarán a través de un cuerpo enfermo. Se sabe que los pensamientos de miedo matan a un individuo tan rápidamente como una bala, y están matando continuamente a miles de personas con la misma seguridad, aunque con menos rapidez. Las personas que viven con miedo a la enfermedad son las que la contraen. La ansiedad desmoraliza rápidamente todo el cuerpo, y lo deja abierto a la entrada de la enfermedad; mientras que los pensamientos impuros, aunque no se consientan físicamente, pronto destrozarán el sistema nervioso.

Los pensamientos fuertes, puros y felices ayudan a reconstruir el cuerpo con vigor y gracia. El cuerpo es un instrumento delicado y plástico, que responde rápidamente a los pensamientos por los que es impresionado, y los hábitos de pensamiento producirán sus propios efectos, buenos o malos, sobre él.

Los individuos seguirán teniendo sangre impura y envenenada mientras sigan manteniendo pensamientos impuros. De un corazón limpio sale una vida limpia y un cuerpo limpio. De una mente impura sale una vida impura y un cuerpo corrupto. El pensamiento es la fuente de la acción, de la vida y de la manifestación; haz que la fuente sea pura, y todo será puro.

El cambio de dieta no ayudará al que no cambie sus pensamientos. Cuando una persona hace que sus pensamientos sean puros, ya no desea alimentos impuros. Los pensamientos limpios crean hábitos limpios. El llamado santo que no se lava el cuerpo no es un santo.

El que ha fortalecido y purificado sus pensamientos no necesita considerar los microbios malignos.

Si deseas perfeccionar tu cuerpo, cuida tu mente. Si deseas renovar tu cuerpo, embellece tu mente. Los pensamientos de malicia, envidia, desilusión, abatimiento, le roban al cuerpo su salud y gracia. Un rostro amargado no viene por casualidad, se hace con pensamientos amargados. Las arrugas que marcan son trazadas por la imprudencia, la pasión, el orgullo.

Conozco a una mujer de noventa y seis años que tiene el inocente y luminoso rostro de una niña. Conozco a un hombre muy por debajo de la mediana edad, cuyo rostro se ha trazado con inarmónicas líneas. La primera es el resultado de una disposición dulce y alegre; el otro es el resultado de la pasión y el descontento.

Como no se puede tener una morada dulce y sana a menos que se admita libremente el aire y el sol en las habitaciones, así un cuerpo fuerte y un semblante brillante, feliz o sereno solo pueden resultar de la libre admisión en la mente de pensamientos de alegría, buena voluntad y serenidad.

En los rostros de los ancianos hay arrugas hechas por la simpatía, otras por el pensamiento fuerte y puro, y otras son talladas por la pasión. ¿Quién no puede distinguirlos? Para los que han vivido con rectitud, la edad es tranquila, pacífica y suavemente apacible, al igual que la puesta del sol. Recientemente he visto a un filósofo en su lecho de muerte. No era viejo, excepto en años. Murió tan dulce y pacíficamente como había vivido.

No hay mejor médico que el pensamiento alegre para disipar los males del cuerpo; no hay mejor consuelo que la buena voluntad para dispersar las sombras del dolor y la tristeza. Vivir continuamente con pensamientos de mala voluntad, cinismo, desconfianza y envidia, es estar confinado en una cárcel hecha por uno mismo. Pero pensar bien de todos, ser alegre con todos, pacientemente aprender a encontrar el bien en todos esos pensamientos desinteresados son las mismas puertas del cielo; y permanecer día a día en pensamientos de paz hacia toda criatura traerá abundante paz a su poseedor.

CAPÍTULO CUATRO

PENSAMIENTO Y PROPÓSITO

Mientras el pensamiento no esté vinculado con un propósito no hay un resultado inteligente. La mayoría de las personas deja que el pensamiento vaya a "la deriva" en el océano de la vida. La falta de propósito es un vicio y no debe continuar para aquel que quiera alejarse de la catástrofe y la destrucción.

Aquellos que no tienen un propósito central en su vida son presa fácil de pequeñas preocupaciones, temores, problemas y autocompasión, todos los cuales son indicios de debilidad, que conducen al fracaso, a la infelicidad y a la pérdida, con la misma seguridad que los pecados deliberadamente planeados (aunque por un camino diferente), porque la debilidad no puede persistir en un universo que evoluciona con poder.

Toda persona debe concebir un legítimo propósito en su corazón y proponerse alcanzarlo. Debe hacer de este propósito el punto central de sus pensamientos. Puede tomar la forma de un ideal espiritual o puede ser un objetivo mundano, de acuerdo con su naturaleza en ese momento. Pero cualquiera que sea, debe concentrar firmemente las fuerzas de pensamiento en el objetivo que se ha propuesto. Debe hacer de este propósito su deber supremo y debe dedicarse a su obtención, sin permitir que sus pensamientos divaguen en efímeras fantasías, anhelos e imaginaciones. Este es el camino real hacia el autocontrol y la verdadera concentración del pensamiento. Incluso si fracasa una y otra vez en el cumplimiento de su propósito (como necesariamente debe ocurrir hasta que se supere la debilidad), la fuerza de carácter adquirida será la medida de su verdadero éxito, y esto formará un nuevo punto de partida para el poder y el triunfo futuros.

Aquellos que no están preparados para la aprehensión de un gran propósito, deben fijar los pensamientos en la realización perfecta de su trabajo, sin importar lo insignificante que pueda parecer su tarea. Solo de esta manera es posible reunir y centrar los pensamientos, y así desarrollar la resolución y la energía, y una vez conseguido esto, no hay nada que no pueda lograrse.

El alma más débil, conociendo su propia debilidad, y creyendo en esta verdad de que la fuerza solo puede desarrollarse por el esfuerzo y la práctica, comenzará a esforzarse de inmediato, por lo que, añadiendo esfuerzo al esfuerzo, paciencia a la paciencia y fuerza a la fuerza, nunca cesará el desarrollo y al final se hará divinamente fuerte.

Así como una persona físicamente débil puede hacerse fuerte mediante un entrenamiento cuidadoso y paciente, del mismo modo, la persona de pensamientos débiles puede hacerlos fuertes ejercitándose en el pensamiento correcto.

Eliminar la falta de propósito y la debilidad, y comenzar a pensar con propósito, es entrar en las filas de aquellos fuertes que solo reconocen el fracaso como uno de los caminos hacia el logro; que hacen que todas las condiciones les sirvan, y que piensan con fuerza, intentan sin miedo, y logran con maestría.

Después de haber concebido su propósito, el individuo debe marcar mentalmente una vía recta a su logro, sin mirar ni a la derecha ni a la izquierda. Las dudas y los temores deben ser rigurosamente excluidos; esos son elementos desintegradores que rompen la línea recta del esfuerzo, haciéndola torcida, ineficaz e inútil. Los pensamientos de duda y miedo nunca logran nada y nunca lo harán. Siempre conducen al fracaso. El propósito, la energía, el poder de hacer y todos los pensamientos fuertes cesan cuando la duda y el miedo se infiltran.

La voluntad de hacer surge del conocimiento de que podemos hacer. La duda y el miedo son los grandes enemigos del conocimiento, y quien los fomente, quien no los elimine, encontrará frustración a cada paso.

El que ha vencido la duda y el miedo ha vencido el fracaso. Cada uno de sus pensamientos está aliado con el poder, y todas las dificultades son valientemente enfrentadas y superadas con sabiduría. Sus propósitos son plantados oportunamente y florecen y dan frutos que no caen prematuramente al suelo.

El pensamiento aliado valientemente con el propósito se convierte en fuerza creativa. Quien sabe esto está listo para convertirse en algo más alto y más fuerte que un simple conjunto de pensamientos vacilantes y fluctuantes sensaciones. El que hace esto se ha convertido en el consciente e inteligente dueño de sus poderes mentales.

CAPÍTULO CINCO

EL PENSAMIENTO COMO FACTOR DEL ÉXITO

Todo lo que una persona consigue y todo lo que no consigue, es el resultado directo de sus propios pensamientos. En un universo justamente ordenado, donde la pérdida del equilibrio significaría la destrucción total, la responsabilidad individual debe ser absoluta.

La debilidad y la fuerza, la pureza y la impureza de un individuo son suyas, y no de otro. Son provocadas por sí mismo y no por otro, y solo pueden ser alterados por sí mismo, nunca por otro. Su condición es también suya, y no de otro. Su sufrimiento y su felicidad evolucionan desde adentro. Como él piensa, así es; como sigue pensando, así permanece.

Una persona fuerte no puede ayudar a otra más débil, a menos que ésta esté dispuesta a ser ayudada, e incluso entonces, la persona débil debe hacerse fuerte por sí misma; por su propio esfuerzo debe desarrollar la fuerza que admira en otra persona. Nadie más que sí mismo puede alterar su condición.

Ha sido habitual pensar y decir: «Muchos son esclavos porque uno es opresor; odiemos al opresor». Sin embargo, ahora hay una pequeña y creciente tendencia a revertir este juicio, y decir: «Es un opresor porque muchos son esclavos; vamos a despreciar a los esclavos». La verdad es que el opresor y el esclavo son cooperadores en la ignorancia, y aunque parecen infligirse el uno al otro, en realidad se infligen a sí mismos. El conocimiento perfecto percibe la acción de la ley en la debilidad del oprimido y en el poder mal aplicado del opresor. El Amor perfecto, viendo el sufrimiento que ambos estados conllevan, no condena a ninguno de ellos. La compasión perfecta abraza tanto al opresor como al oprimido.

El que ha vencido la debilidad, y ha dejado de lado todos los pensamientos egoístas, no pertenece ni a los opresores ni a los oprimidos. Es libre.

Solo es posible elevarse, conquistar y lograr elevando los pensamientos. Solo puede permanecer siendo débil, abatido y desdichado aquel que se niega a elevar sus pensamientos.

Antes de que un individuo pueda lograr algo, incluso en las cosas mundanas, tiene que elevar sus pensamientos por encima de toda tendencia animal esclavizante. Sin embargo, con el fin de tener éxito, no puede desprenderse de toda la animalidad y el egoísmo de un modo u otro; pero, al menos, debe ser sacrificado una parte de ello. Alguien cuyo primer pensamiento fuera la indulgencia animal no podría pensar con claridad ni planear metódicamente. No podría encontrar ni desarrollar sus recursos latentes y fracasaría en cualquier empresa. Al no haber comenzado a controlar eficazmente sus pensamientos, no estará en condiciones de controlar los asuntos y adoptar responsabilidades serias. No estará capacitado para actuar de forma independiente y por sí solo. Sin embargo, solamente está limitado por los pensamientos que elige.

No puede haber progreso ni logros sin sacrificio. El éxito mundano de una persona será en la medida en que sacrifique sus confusos pensamientos animales, y fije su mente en el desarrollo de sus planes, y en el fortalecimiento de su resolución y autoconfianza. Y cuanto más eleve sus pensamientos, más virtuoso, recto y justo se vuelva, mayor será su éxito, más benditos y duraderos serán sus logros.

El universo no favorece a los codiciosos, a los deshonestos, a los viciosos, aunque en la simple superficie a veces lo parezca; ayuda a los honestos, a los magnánimos, a los virtuosos. Todos los grandes maestros de las épocas han declarado esto en diversas formas, y para probarlo y comprenderlo solo hay que persistir en hacerse cada vez más virtuoso elevando los pensamientos.

Los logros intelectuales son el resultado del pensamiento consagrado a la búsqueda del conocimiento, o de lo bello y verdadero en la vida y la naturaleza. Tales logros a veces pueden estar conectados con la vanidad y la ambición, pero no son el resultado de esas características; son el resultado natural de un largo y arduo esfuerzo, y de pensamientos puros y desinteresados.

Los logros espirituales son la consumación de aspiraciones santas. Aquel que vive constantemente en la concepción de pensamientos nobles y elevados, que se detiene en todo lo que es puro y desinteresado, tan cierto como que el sol alcanza su cenit y la luna su plenitud, llegará a ser sabio y noble de carácter y se elevará a una posición de influencia y buena fortuna.

El éxito, de cualquier tipo, es la corona del esfuerzo, la diadema del pensamiento. Con la ayuda del autocontrol, la resolución, la pureza, la rectitud y pensamientos bien dirigidos, el individuo asciende. Con la ayuda de la frivolidad, la indolencia, la impureza, la corrupción y pensamientos confusos el individuo desciende.

Una persona puede alcanzar un gran éxito en el mundo, e incluso elevarse a grandes alturas en el reino espiritual, y volver a descender a la debilidad y a la miseria si permite que los pensamientos arrogantes, egoístas y corruptos se apoderen de ella.

Las victorias alcanzadas por el pensamiento correcto solo pueden ser mantenidas por la vigilancia. Muchos ceden cuando el éxito está asegurado, y rápidamente vuelven a caer en el fracaso.

Todos los éxitos, tanto en el mundo de los negocios, como en el mundo intelectual o en el espiritual, son el resultado de un pensamiento definitivamente dirigido, se rigen por la misma ley y tienen el mismo método; la única diferencia radica en el objetivo a alcanzar.

El que quiera lograr poco, debe sacrificar poco; el que quiera lograr más, debe sacrificar más; el que quiera lograr mucho, debe sacrificar mucho.

VISIONES E IDEALES

Los soñadores son los salvadores del mundo. Como el mundo visible es sostenido por lo invisible, así la humanidad, a través de todas sus pruebas y pecados y sórdidas disposiciones, se nutre de las hermosas visiones de sus soñadores solitarios. La humanidad no puede olvidar a sus soñadores; no puede dejar que sus ideales se desvanezcan y mueran; vive en ellos; los conoce como las realidades que un día verá y conocerá.

El compositor, el escultor, el pintor, el poeta, el profeta, el sabio, son los artífices del otro mundo, los arquitectos del cielo. El mundo es bello porque ellos han vivido; sin ellos, la laboriosa humanidad perecería.

El que alberga una visión hermosa, un ideal elevado en su corazón, un día lo realizará. Colón albergó la visión de otro mundo, y lo descubrió;

36

Copérnico albergó la visión de una multiplicidad de mundos y de un universo más amplio, y lo reveló; Buda contempló la visión de un mundo espiritual de belleza inmaculada y paz perfecta, y entró en él.

Aprecia tus visiones; aprecia tus ideales; aprecia la música que se agita en tu corazón, la belleza que se forma en tu mente, el encanto que envuelve tus pensamientos más puros, porque de ellos crecerán todas las condiciones encantadoras, todo el ambiente celestial; si te mantienes fiel, tu mundo será finalmente construido con ellos.

Desear es obtener; aspirar es conseguir. ¿Deben los deseos más bajos recibir la más completa gratificación, y las aspiraciones más puras morir de hambre por falta de alimento? Esa no es la Ley, tal condición nunca puede alcanzar: "Pide y recibirás." Sueña con sueños elevados, y como sueñes, así llegarás a ser. Tu visión es la promesa de lo que serás un día; tu ideal es la profecía de lo que al final desvelarás.

El mayor logro fue al principio y durante un tiempo un sueño. El roble duerme en la bellota; el pájaro espera en el huevo; y en la visión más elevada del alma se agita un ángel despierto. Los sueños son las semillas de las realidades.

Tus circunstancias pueden ser desagradables, pero no lo serán por mucho tiempo si percibes un ideal y te esfuerzas por alcanzarlo. No puedes viajar en el interior y permanecer quieto en el exterior. Aquí tenemos a un joven presionado por la pobreza y el trabajo; confinado largas horas en un taller insalubre; sin estudios, y carente de todas las artes del refinamiento. Pero sueña con cosas mejores. Él piensa en inteligencia, en refinamiento, en gracia y belleza. Él concibe, construye mentalmente, una condición de vida ideal; la visión de una libertad más amplia y de un mayor horizonte se apodera de él. El anhelo lo empuja a la acción y utiliza todo su tiempo libre y sus medios, por pequeños que sean, para el desarrollo de sus recursos y poderes latentes. Muy pronto su mente se ha alterado tanto que el taller ya no puede sostenerlo. Ha llegado a estar tan fuera de armonía con su mentalidad que se desprende de su vida como se desecha una prenda de vestir y, con el surgimiento de oportunidades que se ajustan al nivel de sus facultades en expansión, se aleja de él para siempre. Años más tarde vemos a este joven como un hombre adulto. Lo encontramos dueño de ciertas fuerzas de la mente que maneja con una influencia mundial y un poder casi inigualable. En sus manos tiene las cuerdas de gigantescas responsabilidades; habla, y la vida cambia; los hombres y las mujeres se aferran a sus palabras y remodelan su carácter y, como el sol, se convierte en el centro fijo y luminoso alrededor del cual giran innumerables destinos. Ha realizado la visión de su juventud. Se ha hecho uno con su ideal.

Y tú también, mi estimado lector, lograrás la visión (no el deseo inútil) de tu corazón, sea esta baja o bella, o una mezcla de ambas, pues siempre gravitarás hacia aquello que secretamente más amas. En tus manos se pondrán los resultados exactos de tus propios pensamientos; recibirás lo que te has ganado; ni más ni menos. Sea cual sea tu entorno actual, caerá, permanecerá o se elevará con tus pensamientos, tu visión, tu ideal.

Llegarás a ser tan pequeño como tu deseo dominante; tan grande como tu aspiración dominante: en las hermosas palabras de Stanton Kirkham Davis:

"Puedes estar llevando las cuentas, y en un momento dado saldrás por la puerta que durante tanto tiempo te ha parecido la barrera de tus ideales, y te encontrarás ante un público, con la pluma todavía detrás de la oreja, las manchas de tinta en los dedos y entonces y allí derramarás el torrente de tu inspiración. Puedes estar pastoreando ovejas, y te irás a la ciudad, campechano y con la boca abierta vagarás bajo la intrépida guía del espíritu hasta el estudio del maestro, y después de un tiempo te dirá: «No tengo nada más que enseñarte». Y entonces te habrás convertido en el maestro, tú, que hace poco soñabas con grandes cosas mientras conducías a las ovejas. Dejarás la sierra y el cepillo para tomar por ti mismo la regeneración del mundo".

Los irreflexivos, los ignorantes y los indolentes, que solo ven los efectos aparentes de las cosas, y no las cosas mismas, hablan de suerte, de fortuna y de azar. Al ver que alguien se enriquece, dicen: «¡Qué suerte tiene!». Al ver que otro se vuelve intelectual, exclaman: «¡Qué privilegiado es!». Y observando el carácter santo y la amplia influencia de otro, comentan: «¡Como le ayuda la suerte en cada momento!» Ellos no ven las pruebas, los fracasos y las luchas que esas personas tuvieron que enfrentar voluntariamente para adquirir su experiencia; no tienen la menor idea de los sacrificios que han hecho, de los esfuerzos incansables que han realizado, de la fe que han ejercido para poder superar lo aparentemente insuperable y realizar la visión de su corazón. No conocen la oscuridad y los dolores; solo ven la luz y la alegría, y lo llaman "suerte"; no ven las largas y arduas jornadas, sino que solo contemplan la agradable meta, y lo llaman "buena fortuna"; no entienden el proceso, sino que solo perciben el resultado y lo llaman "azar".

En todos los asuntos humanos hay esfuerzos y hay resultados, y la fuerza del esfuerzo es la medida del resultado. No es el azar. Los "obsequios", los poderes, las posesiones materiales, intelectuales y espirituales son los frutos del esfuerzo; son pensamientos completados, objetivos alcanzados, visiones realizadas.

La visión que glorificas en tu mente, el ideal que consagras en tu corazón, eso construirá tu vida, eso llegarás a ser.

CAPÍTULO SIETE

SERENIDAD

La calma de la mente es una de las hermosas joyas de la sabiduría. Es el resultado de un largo y paciente esfuerzo de autocontrol. Su presencia es un indicio de una experiencia madura y de un mayor conocimiento de las leyes y operaciones del pensamiento.

Una persona adquiere la calma en la medida que se comprende a sí misma como un ser evolucionado por el pensamiento, ya que tal conocimiento requiere la comprensión de los demás como resultado del pensamiento, y a medida que desarrolla una comprensión correcta, y ve cada vez más claramente las relaciones internas de las cosas, por la acción de la causa y el efecto, deja de inquietarse, de preocuparse y de afligirse, y permanece en equilibrio, firme, sereno.

Aquel que es calmado, habiendo aprendido a gobernarse a sí mismo, sabe adaptarse a los demás; y éstos, a su vez, reverencian su fuerza espiritual y sienten que pueden aprender de él y confiar en él. Cuanto más sereno se vuelve un individuo, mayor es su éxito, su influencia, su poder para el bien. Incluso el comerciante común verá aumentar su prosperidad comercial a medida que desarrolle un mayor autocontrol y ecuanimidad, pues la gente siempre preferirá tratar con alguien cuyo comportamiento sea firmemente ecuánime.

Una persona fuerte y serena siempre es querida y respetada. Es como un árbol que da sombra en una tierra sedienta, o una roca protectora en una tormenta. ¿Quién no quiere un corazón tranquilo, una vida dulce y equilibrada? No importa si llueve o hay sol, o qué cambios se produzcan en quienes poseen estas bendiciones, porque siempre son dulces, serenos y calmados. Ese exquisito equilibrio del carácter que llamamos serenidad es la última lección de la cultura; es el florecimiento de la vida, el fruto del alma. Es precioso como la sabiduría, más deseable que el oro, sí, incluso que el oro fino ¡Qué insignificante parece la simple búsqueda de dinero en comparación con una vida serena, una vida que habita en el océano de la Verdad, bajo las olas, fuera del alcance de las tempestades, en la Calma Eterna!

¡Cuántas personas conocemos que amargan sus vidas, que arruinan todo lo que es dulce y hermoso mediante un temperamento explosivo, que destruyen el equilibrio de su carácter y se hacen mala sangre! El problema es que la gran mayoría de la gente arruina su vida y estropea su felicidad por la falta de autocontrol. Qué pocas personas encontramos en la vida que estén bien equilibradas, que tengan ese exquisito equilibrio que es característico del carácter culminado.

Sí, la humanidad se desborda con la pasión incontrolada, es turbulenta con el sufrimiento incontrolado, se deja llevar por la ansiedad y la duda. Solo el sabio, solo aquel cuyos pensamientos están controlados y purificados, hace que los vientos y las tormentas del alma le obedezcan.

Alma azotada por la tempestad, dondequiera que estés, bajo cualquier condición que vivas, debes saber que, en el océano de la vida, las islas de la Bendición están sonriendo y la soleada orilla de tu ideal espera tu llegada. Mantén tu mano firme sobre el timón del pensamiento. En la barca de tu alma descansa el Maestro comandante; está dormido, despiértalo. El autocontrol es la fuerza; el pensamiento correcto es la maestría; la calma es el poder. Dile a tu corazón:

"¡Paz, quédate quieto!"

Sabiduría de Ayer, para los Tiempos de Hoy

www.**wisdom**collection.com

Made in United States
Troutdale, OR
04/07/2024